RÉCIT
DE LA BATAILLE

DE MARATHON,

LU LE 5 SEPTEMBRE 1791,

DANS LA SOCIÉTÉ PATRIOTIQUE DE DIJON,

PAR P. BAILLOT,

AUX

GARDES NATIONALES - VOLONTAIRES

DE LA CÔTE D'OR,

LORS DE LEUR DÉPART POUR RHEIMS.

A DIJON,

DE L'IMPRIMERIE DE P. CAUSSE.

1791.

A PARIS,

Chez ONFROY, Libraire, rue Saint-Victor, N°. 11.

Si tu parles, tu es mort. — AUVERGNE !
FEU, C'EST L'ENNEMI.

Le chevalier d'ASSAS.

Pisistrate n'étoit plus. De ses deux fils, tous deux héritiers de son injuste domination dans Athènes, l'un avoit été tué par Harmodius et par Aristogiton; l'autre, le superbe Hippias, forcé de se sauver hors du territoire attique, erroit de rivage en rivage, traînant ses regrets, et mendiant la guerre contre sa patrie.

Après diverses tentatives auprès des cités voisines pour éveiller leur jalousie contre Athènes, contre cette ville qui croissoit en forces depuis qu'elle avoit recouvré son courage avec la liberté, n'ayant pu leur persuader que sa cause étoit la leur; il étoit passé dans la basse Asie avec ses principaux partisans : et là, ces mêmes hommes au caractere si altier, qui frémissoient à la seule idée de n'être plus dans leur ville que des Citoyens, passoient leurs journées à la porte des Satrapes, à ramper, à dévorer humblement de superbes dédains, de fastueuses hauteurs, et cela dans l'espoir d'une vengeance parricide ! — Eh, malheureux ! laisse-là tes chimeres, et sois homme : reviens bonnement dans tes foyers finir avec tes égaux le peu de jours que le ciel te laisse, sans prétendre ainsi recourir à la force pour leur prouver ta supériorité sur eux. Quelle supériorité, bon Dieu , que celle des ours et des tigres ! **Es-tu en effet plus qu'un homme? Fais du bien.**

A force de menées et d'intrigues, ils étoient venus à bout d'intéresser à leur querelle le frere de Darius , Artapherne, qui gouvernoit l'Asie mineure. Les Athéniens ayant député à ce Satrape , pour le prier de ne pas ajouter foi aux calomnies de leurs bannis , il répondit : *rappellez Hippias si vous voulez vivre.* — VIVRE LIBRES OU MOURIR, répliquerent les Athéniens ; cri naturel à tout peuple qui rompt ses fers. En effet , que long-temps après le recouvrement des droits communs, l'intrigue se coalisant dans l'ombre avec toutes les passions basses contre la liberté publique , parvienne insensiblement à rattacher au joug, par leurs mains serviles , la tête d'un peuple dégénéré, c'est ce dont nos temps modernes nous offrent plus d'un exemple ; mais dans le premier enthousiasme de la liberté renaissante ; mais au moment même où une nation, lasse d'être opprimée, avilie, insultée, se releve, et couvre intrépidement de ses armes ses droits reconquis ; la heurter de front, vouloir de force la reployer sous le joug , et lui dire en despote : *rappelle Hippias , si tu veux vivre....* Ah! généreux français , vous devinez la réponse d'une telle nation à tous les Artaphernes passés, présens et futurs ; ce sera toujours le mot des Athéniens ; VIVRE LIBRES OU MOURIR.......

(Ici la lecture est interrompue : celui qui présidoit (1)
se leve d'enthousiasme : » AMIS, RENOUVELLONS-LE, CE
SERMENT SI BIEN GRAVÉ DANS NOS COEURS; » et toute l'assemblée est debout, et la salle retentit du cri unanime de
VIVRE LIBRES OU MOURIR.)

Une nuit qu'Hippias sommeilloit, on l'éveille
en sursaut : c'étoit Otanès, cet irascible et fou-
gueux hiérophante, long-temps ennemi d'Hippias
lui-même aux jours de sa puissance; mais devenu,
depuis leur commune disgrace, son plus chaud
partisan. Il arrivoit en grande hâte de Suze :
» Hippias, s'écrie-t-il, Hippias, tu dors, et la
» fortune nous seconde, et le grand Roi est pour
» nous, et notre triomphe est assuré ! »

Hippias s'élance vers lui.... puis, n'osant en
croire ses sens : » *ne seroit-ce encore qu'une illu-
sion? Acheve, ami, parle, rends ton maitre à
la vie, à l'honneur.*

» Vous avez su, reprend Otanès, et la révolte
» d'Ionie, et la part qu'y ont eue nos rebelles,
» et l'incendie de Sardes, cette ville opulente,
» à laquelle, pendant le pillage, un soldat, de
» fureur d'avoir manqué sa proie, a mis le feu.
» J'étois à Suze, épiant, selon nos conventions,
» le moment d'être présenté. J'apprends qu'à la

____

(1) L. ANT. PILLE, lieutenant-colonel, commandant le
premier bataillon des gardes nationales volontaires du
département de la Côte d'Or.

» nouvelle de ce désastre, Darius a tiré une flèche
» contre le ciel, en jurant de se venger des Athé-
» niens : j'apprends qu'il a chargé un de ses offi-
» ciers de lui répéter, toutes les fois qu'il se met-
» troit à table : *Seigneur, souvenez-vous des Athé-*
» *niens.* Je me fais introduire ; et, après l'adoration
» d'usage, j'affirme que le soldat incendiaire est
» d'Athènes ; qu'il étoit payé par sa ville pour cet
» attentat, et pour d'autres plus grands encore,
» ajoutai-je comme en hésitant.... On m'ordonne
» de m'expliquer. — Alors je peins à traits ra-
» pides le bouleversement de notre malheureuse
» Athènes, cette manie d'égalité qui tout à coup
» y a tourné les têtes, cette inconcevable frénésie
» de ne plus vouloir personne au dessus des loix,
» de ne plus vouloir de loi que la volonté géné-
» rale, de croire le vil peuple souverain, et le
» souverain l'homme du peuple....

» Les Satrapes pâlissent, et crient au blasphê-
» me : le grand Roi m'écoutoit avec l'indolence
» de la dédaigneuse pitié.

» *Seigneur,* repris-je d'un air consterné, *mon*
» *récit ne vous paroît qu'une fable révoltante ;*
» *mais je supplie les Dieux qu'elle ne se réalise*
» *pas bientôt dans Suze même....*

» Darius me regarde.... je poursuis. — *Eh !*
» *qui sait ce que peuvent des hommes ardens, in-*

» *trépides, enthousiastes, pour qui l'or, les*
» *plaisirs, la vie n'est plus rien, et qui n'ont*
» *plus qu'un besoin, la liberté? A peine cette*
» *fievre populaire désole l'Attique; et déja la*
» *Béotie, la grande île d'Eubée et Egine s'en*
» *ressentent; l'Ionie se souleve; Sardes est brû-*
» *lée: la fatale contagion, si on ne l'arrête, va*
» *pénétrer par-tout; et dans ce même palais, où*
» *vos sujets soumis n'osent paroître devant votre*
» *majesté sacrée, que le front caché dans la pous-*
» *siere, une fois qu'elle les aura atteints, vous*
» *les verrez porter leurs mains sacrileges sur le*
» *trône de Ninus, sur l'autel de Zoroastre. ―*
» *Appuyez donc fortement le pied sur l'hydre*
» *naissante, avant que, déployant et dressant ses*
» *cent mille têtes, elle ne vous enlace et ne vous*
» *dévore.*

» Darius se leve précipitamment. ― Puis, après
» un sombre silence, il demande quel est le che-
» min le plus court pour se rendre en Grece. ―
» C'étoit l'instant de vous nommer.

» *O le plus grand, le plus juste des Rois!*
» dis-je alors, *tout seconde vos vœux. Il est dans*
» *votre empire un homme chassé par ces rebelles,*
» *un héros long-temps leur maître, Hippias. Il*
» *implore votre protection; il connoît toutes les*
» *routes, tous les défilés; il s'offre à guider lui-*

» même vos troupes ; *il ne demande que l'hon-*
» *neur de combattre à leur tête avec une foule*
» *d'illustres fugitifs.* — *Et moi, que ces rebelles*
» *ont de même chassé,* ajoutai-je avec le feint en-
» thousiasme de mon ministere ; *moi hiérophante,*
» *et dont la cause est celle du ciel, j'invoquerai*
» *contre eux le dieu que je sers ; je le ferai parler*
» *au sexe foible ; et par celui-ci, multipliant mes*
» *intelligences dans leur ville impie, je soufflerai*
» *au milieu d'eux le vertige et la confusion.*
» *Ainsi, attaqués au dehors, trahis au dedans,*
» *accablés sous le nombre, ils périront ; et la*
» *terre et le ciel seront vengés.*

» Nos offres sont acceptées ; la guerre est ré-
» solue ; le rendez-vous général est en Cilicie :
» Datis et Tissapherne, deux Satrapes de la plus
» haute naissance, commandent..... O Hippias!
» nos humiliations touchent à leur terme, et le
» supplice de nos ennemis commence. »

Hippias écoutoit avec ravissement Otanès. Il
l'embrasse une seconde fois ; il lui redemande le
même récit, les mêmes détails : mais déja distrait,
emporté par sa joie, il ne l'entend plus ; il se voit
dans Athènes, foulant aux pieds ses ennemis, et
recouvrant l'absolu pouvoir dans toute sa pléni-
tude. Il mande à la hâte aux autres exilés toutes
ses flatteuses espérances ; il leur indique le lieu de
l'embarquement, et s'y rend le premier.

Cependant Athènes , au bruit de ces préparatifs , ne s'endormoit pas dans une dangereuse sécurité. Miltiade , Aristide , Thémistocle , une foule d'autres grands hommes , ou déja formés , ou près de l'être (la liberté en est la mere) , veilloient pour elle , et préparoient tout pour sa défense. Les atteliers , les arsenaux sont en activité ; on forge des armes ; on équipe des navires ; on répare les murs ; on inscrit , on exerce les citoyens ; on se dispute les fatigues , et c'est à qui fera des sacrifices à la patrie. Mais c'étoit sur-tout dans la jeunesse , dans cet âge si susceptible de généreux mouvemens , que le civisme éclatoit.

Le prompt et bouillant Léontide , dans la chaleur d'un débat sur la place publique , est brutalement insulté. Il court à son aggresseur ; puis soudain se maîtrisant : » *Un tel affront*, lui dit-il , » *ne se lave que dans le sang. . . . . Mais* NOTRE » SANG N'EST PAS A NOUS , IL EST A LA PATRIE. » *Je remets ma vengeance au jour de la bataille ;* » *et là, nous nous battrons à qui des deux tuera* » *le plus d'ennemis.* »

Un autre , l'aimable et modeste Apamée , l'unique joie d'un pere respectable et chéri , traverse par hazard le Prytanée , comme une troupe de jeunes Athéniens volontairement enrôlés , passoient en revue. Il voit réformer l'un d'eux , dont l'âge étoit encore trop tendre ; il s'offre sur le champ

pour le remplacer : » *si je ne me suis pas pré-*
» *senté plutôt ,* ajoute-t-il, *c'est qu'on faisoit*
» *les élections , et je craignois qu'on ne prît ma*
» *démarche pour une maniere de solliciter des*
» *suffrages.* »

Un autre , que l'affection de ses jeunes compagnons d'armes avoient choisi de préférence pour
leur primipile , s'arrête de respect devant son
concitoyen plus âgé : *Eh quoi ! mon supérieur*
en âge , en services , seroit mon inférieur en
grade ! — » AH ! répond le digne Athénien ,
» TOUT POSTE EST ÉGAL A QUI SAUVE SON PAYS :
» JE M'HONORE DE RESTER AU MIEN. »

C'étoit avec de tels défenseurs qu'Athènes
attendoit l'ennemi.

Déja la grande flotte des Perses a soumis les
Cyclades : déja Hippias a fait débarquer leurs
troupes dans l'Eubée. Elles sont en marche contre
Erétrie , Erétrie l'alliée , la voisine d'Athènes ;
quatre mille Athéniens ont volé à son secours.
Mais , ô fatalité des dissensions civiles ! les Eré-
triens ne sont pas d'accord. Les uns veulent qu'on
abandonne la ville , et qu'on se réfugie dans les
écueils de l'Eubée : les autres , déja furtivement
gagnés par les perfides suggestions d'Otanès , et
par l'or des Perses , projettent de la livrer ; et ,
sous d'insidieux prétextes , font éloigner les Athé-

niens. Les Perses arrivent, ils assiegent. Erétrie se défend avec courage pendant six jours : le septieme, deux des principaux de la ville, Euphorbe et Philagrus, la trahissent. Elle est prise, elle est brûlée, et ses habitans sont réduits en esclavage. A de si rapides succès, Hippias triomphe, Otanès reconnoît le doigt du ciel.

Non, dans la position où nous sommes, je ne tairai pas ton action, généreux Erétrien, qui, dans cette fatale journée, mourut deux fois pour ta patrie ! c'étoit le jeune et brave Richamars. Mortellement blessé, pendant qu'à la tête de ses compagnons d'armes, il défendoit les murs, il étoit tombé près de la porte qu'on ouvrit aux Perses ; et là, nageant dans son sang, l'infortuné luttoit contre le trépas. Le perfide Euphorbe rentre par cette porte, la tête haute, et avec cet air de lâche et cruélle joie, la derniere insulte d'un traître. — L'indignation releve Richamars : mourant trahi, il mourra du moins vengé : il s'élance sur Euphorbe, il l'entraîne avec lui sur la poussiere, et, lui enfonçant dans la gorge les mains du désespoir, ils expirent ensemble.

Je ne parle ici, sans doute, que devant des Citoyens, et c'est mon vœu ardent ; mais si, par une fatalité commune aux jours de révolution, il se rencontroit un homme qui, de sang-froid, affichât les couleurs du patriotisme pour cacher sa lâche perfidie; qui, appellé au serment d'honneur, et libre de ne le pas faire, le prêtât pour mieux trahir ; qui, placé par sa trop crédule patrie au poste de confiance, et libre de refuser, l'acceptât pour le livrer... Furies des parricides, saisissez-le d'avance ! Que ce récit de l'horrible fin d'un traître porte, malgré lui, dans le fond de son ame, un trouble avant-coureur de la sienne ! Qu'en ce moment même, son attitude incertaine, sa rougeur involontaire, son regard oblique le décele, le nomme : que le souvenir d'Euphorbe ne le quitte plus : que la nuit, le jour, à chaque pas, il croie le voir là, sous ses yeux, pâle, sanglant, lui faisant toucher de la main sur son cou les traces livides de la vengeance, et lui répétant d'une voix sinistre : » *mon sort t'attend, mon sort t'attend.* » — Et, s'il est écrit, dans notre insurmontable destinée, que son noir complot aura lieu ; que soudain sa trahison tourne contre lui-même et avorte ; que les mânes de mes malheureux concitoyens qu'il aura sacrifiés, se relevent autour de lui, le pressent, le poursuivent, ne lâchent prise qu'après qu'il sera expiré de honte, de rage, de remords : et qu'alors même son infecte dépouille, suspendue aux gémonies par l'indignation publique, y reste avec cette inscription : AMES HONNÊTES, FUYEZ ; CE SONT LES OSSEMENS D'UN TRAÎTRE A SA PATRIE.

Les Perses remettent à la voile, dans l'espoir de tout soumettre aussi facilement. Ils passent le détroit. Ils ravagent les côtes de l'Attique. Hippias les conduit à Marathon, petit bourg à dix milles d'Athènes. Ils abordent : une armée formidable descend sur le rivage : on débarque jusqu'à des monceaux de chaînes pour les prisonniers qu'on va faire ; jusqu'à un bloc de marbre pour le trophée de la victoire qu'on va remporter ; et l'on envoie menacer Athènes du sort d'Erétrie, si elle hésite à se rendre.

Le trouble étoit dans la ville, mais non pas le découragement. On avoit armé dix mille citoyens : on avoit élu dix chefs pour commander alternativement; et parmi ces chefs, étoit Miltiade, général renommé. On avoit dépêché un courier à Sparte et dans les cités voisines pour demander du secours. Les Spartiates brûloient de se mettre en marche ; mais retenus par la superstition, ils attendoient la pleine lune. La terreur du nom persan arrêta les autres alliés. La seule petite ville de Platée en Béotie, envoya mille hommes.

Avec si peu de monde, comment risquer la bataille ? n'étoit-ce pas livrer Athènes ? ne valoit-il pas mieux y rester pour la défendre, pour y vendre du moins plus cherement sa vie ? C'étoit l'opinion de plusieurs chefs. Miltiade, au contraire, ainsi qu'Aristide, insistoient pour qu'on profitât de l'ardeur des citoyens , avant qu'elle ne vînt à se réfroidir ; avant que la division ne se mît dans la ville , et ne perdît tout. — Les avis restoient partagés , la chose publique en souffrance : le jour avançoit.

Miltiade aborde le POLÉMARQUE , magistrat civil et militaire , dont la voix en ce moment étoit décisive : » *Climaque , lui dit-il , un mot de ta bouche , et ta patrie est libre : un mot de ta bouche , Hippias la remet aux fers. Tu connois l'Athénien : léger , ardent , mobile , plus qu'un homme dans le premier feu , on peut tout avec lui , quand on lui montre de la confiance et qu'on lui en inspire. Mais si nous avons l'air de nous en défier ; si , par crainte , nous l'entravons derrière des murailles ; impatient , rongeant son frein , brûlé par son imagination , il va s'éteindre , il va se croire trahi , et finira par l'être. Vois Erétrie, pour s'être obstinée à rester en ses murs , livrée , incendiée. Dans la crise où nous sommes ,~nulle ressource qu'un coup hardi. Marchons aux Perses. Cette vigoureuse résolution va exalter le courage des nôtres , et doubler nos forces , en même temps qu'elle intimidera ou rallentira les barbares, quand ils verront un si petit nombre accourir sans les craindre. . . Un mot donc de ta bouche , Climaque , et nous sommes libres , et tu te rends l'égal d'Harmodius et*

d'Aristogiton. » Il entraîne à son avis le POLÉ-
MARQUE. La bataille est résolue.

A cette nouvelle, un frémissement d'enthousiasme s'éleve dans Athènes. Chacun s'arme à la
hâte. Chacun s'attache au bras gauche une marque
sur laquelle il écrit son nom, pour que son corps
soit reconnu après la bataille : on embrasse ses
proches avec la double émotion de la nature et du
courage, et l'on s'achemine vers la PORTE DE
CODRUS.

C'étoit une simple arcade, au couchant, non
salie d'inscriptions serviles, mais consacrée par la
reconnoissance à un bon Roi mort pour son pays.
Son buste et son nom en étoit le seul ornement.
Au-delà, s'étendoit un terrein nivelé, ceintré
d'arbres, et appellé le CHAMP DE L'UNION, parce
qu'après la fuite d'Hippias, on s'y étoit réuni et
promis fraternité. — Temps heureux de simplicité
et d'héroïsme, où chaque pas sur le sol natal, rap-
pelloit à l'homme, des vertus, des plaisirs. . . . .
Revenez, revenez, temps heureux, pour les
libres Français ! — La foule y étoit accourue avec
des flambeaux. La nuit tomboit ; et ses ombres
naissantes, en couvrant à demi le spectacle civique qui s'offrit alors, ne le rendirent que plus
grand à l'imagination.

La premiere troupe qui fut prête, et qui sor-
tit, étoit ce beau corps d'élite, la fleur de la jeu-

nesse athénienne ; troupe superbe en hommes ,
irrésistible en courage. A leur marche fiere , ani-
mée ; à leurs rangs uniformes et serrés ; à leur
stature haute et nerveuse ; à leur regard étince-
lant , on les eût crus les gemeaux de Léda , les
fils d'Hercule ou de Mars. Cynégire étoit à leur
tête. Un mouvement involontaire lui fit tourner
les yeux vers le buste de Codrus ; et , à cette
vue . . . . levant soudain ses armes vers l'auguste
image : » *O toi* , dit-il , *dont les traits simples*
» *et vénérables me semblent , à la lueur de ces*
» *flambeaux , la tête de la patrie qui sort de ce*
» *mur , pour nous rappeller ton exemple et ta*
» *victoire ,* CODRUS *! . . . . oui , nous revien-*
» *drons vainqueurs ; ou , comme toi , nous*
» *serons morts pour elle.* » — Il dit , et toute
cette belle jeunesse répete après lui le serment ,
et touche de ses armes le buste sacré.

Lorsqu'Aristide arriva sous la porte, Aristide ,
en ce moment, le général en fonction, il s'arrêta ; et , en présence des Archontes qui l'avoient
accompagné , ayant fait approcher Miltiade , il
dit à haute voix : » *C'est mon tour de commander,*
» *et je sens tout le prix d'un tel honneur ; mais*
» *QUAND IL Y VA DU SORT DE SON PAYS, COM-*
» *MENT SONGER A SOI? Miltiade!. Vous avez plus*
» *d'expérience que moi, je vous cede le comman-*
» *dement.* » Ce trait de civisme entraîna les autres

chefs : ils dirent comme Aristide , et Miltiade fut proclamé. — (Français, dignes et libres Français! au jour du péril de la patrie, rappellez-vous Aristide, et proclamez Miltiade.)

Les vétérans fermoient la marche, et formoient le corps de réserve : troupe vénérable et sacrée , au front blanchi par l'âge, aux forces affoiblies par le sang versé pour leur pays. Mais l'idée de la patrie en péril les ranime, . . . et ils semblent les mânes des Athéniens se relevant de leurs tombeaux pour défendre le sol natal.

Ainsi défiloit l'armée par la PORTE DE CODRUS , aux sons bruyans et cadencés des cymbales retentissantes : et toute la ville étoit spectatrice : et à mesure que les différens corps de troupe passoient, chacun , d'un regard avide, y cherchoit un frere , un ami , un époux , son pere , ses enfans. On leur tendoit les mains ; on leur répétoit adieu , de la voix, du geste ; on levoit ardemment les yeux au ciel ; on les reportoit sur eux tout obscurcis de larmes ; on les regardoit encore , qu'ils avoient disparu.

Ils arrivent aux Perses. Miltiade suppléant au nombre par la discipline et par un choix habile du terrein , se poste avec sa petite armée sur le penchant des collines, de maniere à ce que les barbares, déja resserrés par la mer et par le marais de Marathon , ne pussent ni déployer avec avantage leurs forces , ni l'envelopper. Le général persan sentit bien que le lieu ne lui étoit pas favorable ; mais il se fia sur le nombre. Et puis , comment imaginer que des citadins puissent combattre ?

Miltiade , ainsi adossé contre une montagne , et couvrant ses deux aîles par un grand abattis d'arbres , parcourt rapidement les rangs avec l'œil serein de la victoire : puis, lorsqu'il est au centre , renforçant tout-à-coup sa voix : » Patrie ! Liberté ! s'écrie-t-il , c'est pour vous que nous nous dévouons. » Et il donne le signal.

Les Athéniens , sans attendre que les barbares lancent leurs fleches , courent à eux. Les Perses les voyant accourir en si petit nombre et comme épars , les croient en démence. Mais ces petites troupes , à mesure qu'elles approchent , se réunissant , se serrant.... heurtent soudain , assaillent , renversent les premiers qu'ils rencontrent : puis, avec une furie toujours croissante , ils avancent , ils pénetrent à travers les rangs , pêle-mêle , avec l'épouvante , avec la mort. En vain Hippias , à la tête de sa troupe altérée de vengeance , lutte avec intrépidité contre le torrent : en vain deux fois parvient-il à mettre le désordre dans leur centre , et se croit-il au moment de la victoire ; le corps d'élite revient à la charge. Ce ne sont plus des hommes ; c'est l'ouragan irrésistible. Hippias est renversé, Datis est tué ; les Perses éperdus plient

de toute part ; et les Athéniens sont à leur pour-
suite, comme la foudre sur des troupeaux.

Les barbares, dans leur effroi, oublient leur
camp, et se sauvent droit à leurs vaisseaux.
Cynégire, le terrible Cynégire, dans l'acharne-
ment de la victoire, arrive au rivage pendant que
les triremes, surchargées de fuyards, s'en éloi-
gnoient : il en saisit rapidement une par le bord ;
et, avec une indomptable obstination, l'arrête. —
Un coup de hache lui coupe la main droite : il y
porte la gauche ; un coup de hache la lui abat de
même : alors, sanglant, mutilé, réduit à ses
dents pour toute arme, il les enfonce avec rage
dans le bois du navire, et y meurt attaché.

On prit sept vaisseaux aux Perses. On trouva
dans le septieme Otanès blotti à fond de cale :
mais on étoit vainqueur, on l'oublia.

Pendant que ces prodiges de bravoure immor-
talisoient MARATHON, Athènes étoit la proie des
cruelles inquiétudes. Femmes, enfans, vieillards,
toute la ville s'étoit rendue hors la PORTE DE
CODRUS, errant par groupes, sans pouvoir rester en place, questionnant, écoutant avidement
les rumeurs les plus vaines, succombant sous
l'incertitude, et tournant toujours les yeux vers
la route.

Tout-à-coup on entrevoit dans le lointain,

2

comme un point, comme une ombre qui avance, qui grandit. Les angoisses redoublent. » *Fuit-* » *on , triomphe-t-on ?* On ne respire plus, on » dévore du regard l'espace, l'objet........ il » semble accourir, il approche ; on croit le re- » connoître....... » C'est lui ! C'est l'agile et ardent Hémépile, la chevelure éparse, le front couvert de sueur et de poussiere, l'habit lacéré et sanglant, et dans la rapide attitude d'un homme qui se précipite à toutes jambes vers un but dé- siré. Il arrive, il s'écrie : *Citoyens! nous avons la victoire* . . . . et tombe mort. —Mort de joie aux pieds de sa patrie victorieuse !

Oh, qui de nous, en ce moment, ne donneroit sa vie pour une telle parole !

Heureux Athéniens ! Ils revinrent triomphans, après avoir laissé pour la garde du butin le vertueux Aristide ; récompensant ainsi, par la plus noble confiance, le plus rare désintéressement. Ils ren- trerent dans leurs murs avec Miltiade, aux accla- mations de leurs concitoyens , aux larmes d'alé- gresse de leurs proches, et avec la conscience d'une bonne action. Oh, comme leur patrie leur devint chere ! C'étoient eux qui l'avoient sauvée.

Les Spartiates arrivent : il est trop tard ; on a vaincu sans eux ; leur bravoure en rougit. Ils ne voulurent pas s'en retourner, sans avoir été sur le champ de bataille , pour y voir du moins, après leur mort , ces Perses si fameux par la conquête de l'Asie. Mais ce qu'ils y contemplerent avec la plus jalouse émulation , ce fut les colonnes de gloire sur lesquelles on gravoit les noms des Athéniens morts pour leur pays.

Miltiade , le libérateur de la Grece, crut n'avoir fait que son devoir , et reprit modestement ses fonctions privées. Sa récompense fut une simple couronne de feuilles. — *Une couronne de feuilles !* Eh ! qu'importe de quoi, quand c'est la patrie qui la donne ? La vue d'un tel honneur émeut à tel point le jeune Thémistocle , qu'il en perd le repos; et que la nuit, errant dans les rues d'Athènes , lorsqu'on lui demande quelle cause lui ôte le sommeil ? Il répond : *la couronne de Miltiade.*

Mais pourquoi donc ces mêmes récits, que nous lisions si froidement dans l'histoire , nous causent-ils aujourd'hui presque la même émotion que la couronne de Miltiade à Thémistocle ? — Ah ! c'est qu'aujourd'hui ET NOUS AUSSI NOUS AVONS UNE PATRIE ! et si les Perses approchent, oui, j'en jure par vous , intrépide jeunesse, ET NOUS AUSSI NOUS AURONS NOTRE MARATHON !

Allez , valeureux enfans de la patrie , où les premiers elle vous appelle à sa défense : allez, modernes Cynégires , sous un autre Mil-

tiade , renouveller pour elle les prodiges de bravoure des temps antiques , et mériter de même
l'admiration des âges à venir : tandis qu'ici, moins
fortunés que vous , nous que des liens de chair
attachent sur le sol natal, nous resterons avec nos
inquiétudes , n'existant plus qu'où vous serez , et
ne sentant la vie qu'au bruit de vos triomphes.

Eh ! quelle cause plus belle enflamma jamais le
courage des guerriers ? Il ne s'agit plus d'aller en
brigands , à la voix d'un despote , ravager des
contrées lointaines , ni de porter le désespoir dans
l'habitation du foible et de l'innocent. Il s'agit de
défendre ses foyers , de sauver ce qu'on a de plus
cher au monde , sa femme , ses enfans , sa mere ,
SA LIBERTÉ ! Tous les motifs humains sont pour
nous , toutes les passions nobles nous animent :
vaincus , on nous égorge ; vainqueurs , nous par-
donnons (1) ; et notre France, libre et debout sur
les ruines féodales, comme l'Éternel sur les roches
du Sinaï , pendant qu'autour d'elle grondent les
noirs orages , proclame avec sérénité le code de la
raison , la paix universelle.... O fortunés défen-

––––––––––––

(1) Honneur aux gardes nationaux volontaires de la
Côte d'Or : c'est le mot qu'ils ont applaudi avec le plus
d'émotion.

seurs d'une cause sublime ! vous tenez dans vos
mains l'espérance , le sort de l'avenir.

Et voyez, généreuse jeunesse , jusqu'où va notre
confiance en votre intrépidité. A des soldats vul-
gaires nous déguiserions le péril : A vous ! nous
ne cachons pas même l'émotion terrible et tendre
que nous cause l'idée de ne plus revoir tel d'en-
tre vous qui nous écoute. — Il répond : » *je
serai mort pour mon pays.* » — Magnanime jeune
homme ! Qui que tu sois , pendant que nos pa-
roles te parviennent encore , entends nos vœux ;
entends tes concitoyens te dire : » Si la force t'im-
mole , hélas ! nos regrets ne te rendront pas la
vie : mais tes parens , tes amis , tes freres seront
les nôtres ; ton nom nous deviendra sacré ; la patrie le rappellera dans ses fêtes ; nos monumens le
rediront aux yeux ; nos enfans le prononceront
avec enthousiasme ; et nous-mêmes , à notre der-
nier soupir , notre plus chere , notre derniere pen-
sée sera de nous rejoindre à toi...... à toi notre
frere , mort pour ton pays ! »

Mais, qu'entends - je ? la charge sonne, et les
bouches de bronze , de leur voix terrible , vous
appellent à la bataille, à la gloire. — Français!...
ah , déja ils se sont précipités dans la mêlée avec
la rapidité de l'éclair!... courage , courage , in-
trépides enfans de la patrie : montrez quelle jeu-

nesse une terre libre enfante ; voyez d'Assas , voyez Désilles, dont les mânes vous devancent; il y va de la liberté de la France , il y va du sort du monde ; la patrie , l'Europe vous regardent , et les couronnes de tous les siecles vous attendent.

Oh! puissent , au plus fort de ces chocs meur-triers , vos glaives n'être teints que du sang de l'étranger! Puisse nul amer souvenir n'altérer pour nous la joie de votre retour !

Quel moment! lorsqu'après une marche longue et pénible, arrivant au détour où la route laisse , au sud, cet antique monument de la piété de nos ducs (1)! Vous découvrirez ce beau paysage, té-moin de vos premiers plaisirs ; cette ville riante qui vous a vu naître (2); et cette porte si chere de

---

(1) La ci-devant Chartreuse.

(2) Dijon est en effet l'une des plus jolies villes de France : le peu de hauteur de ses maisons, la propreté de ses rues, son air salubre, l'agrément de ses dehors, ses points de vue pittoresques, la bonté de ses comestibles, la cordia-lité de ses habitans, et la pureté du langage, y attirent de préférence les étrangers. Elle perdoit tout à la révolu-tion, et elle est une de celles qui ont le plus montré de patriotisme : et, gloire, honneur à elle ! Malgré la vio-lence des partis, aucun sinistre événement n'y a taché la plus belle des causes.

la LIBERTÉ (1), qui vous doit son nom, qui reçut vos sermens, qui entendit les vœux de vos concitoyens à votre départ, et sous laquelle, à votre retour, ils s'élancent à flots impatiens..... Non, la parole est trop foible pour de telles images ! Vos entrailles s'émeuvent, vos yeux se mouillent de douces larmes : adieu l'ordre et le pas mesuré ; on

---

(1) C'est la porte du couchant. Les deux routes de Paris et celle de Metz y aboutissent. Elle a été construite en 1786, sur les dessins de Jean-Philibert Maret. Cet integre citoyen (son pere a déja laissé une mémoire chere aux gens de bien et aux lettres), en donnant au ceintre de cette porte une simplicité noble et une imposante élévation, a semblé pressentir qu'elle alloit être réellement pour nous la PORTE DE LA LIBERTÉ. Lors de la prise d'armes dans notre ville, nos plus généreux patriotes coururent s'y poster. C'étoit là que Claude-Bernard Navier, aujourd'hui membre de l'Assemblée nationale, et son digne ami que l'estime publique y appelloit de même, Jacques Minard, étoient de garde, dans cette nuit de si douloureuses angoisses, où le courier du lendemain devoit apporter la nouvelle du 14 juillet 1789. Enfin il arriva, et avec lui.... LA LIBERTÉ ! C'est aussi par cette porte que s'est faite l'entrée solemnelle de la fédération dijonnaise : et, en considération de ces souvenirs, le 14 juillet 1791, jour de l'anniversaire de la grande fédération française, cette porte a été consacrée, avec toute la pompe militaire et civique, A LA LIBERTÉ. L'adulation l'avoit salie de mensonges ; on y a gravé les DROITS DE L'HOMME.

ne marche plus , on vole , on se précipite des deux parts. . . . . Quelle rencontre! la voix , le geste , le rire , les pleurs , tout répete : *nous avons la victoire!* On vous entoure avec transport; on vous couronne , on vous couvre de fleurs , et les bras réunis de vos concitoyens vous ramenent en triomphe dans votre ville natale. . . . Patrie ! liberté ! voilà vos fêtes , voilà vos joies, les joies de la nature; le cœur les sent, et nos larmes les avouent.

FIN.